I0195275

Valable pour tout ou partie du document reproduit

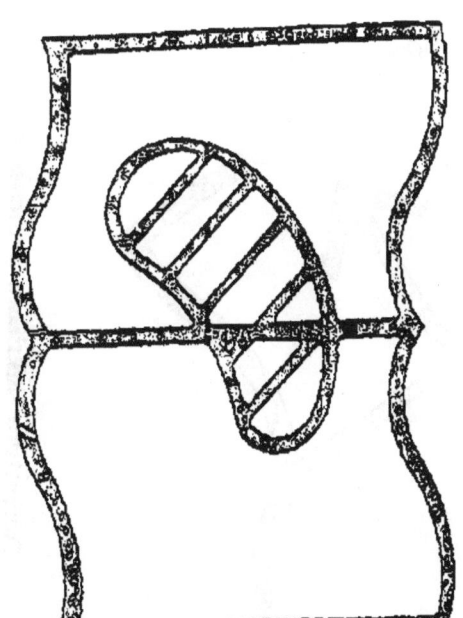

Illisibilité partielle

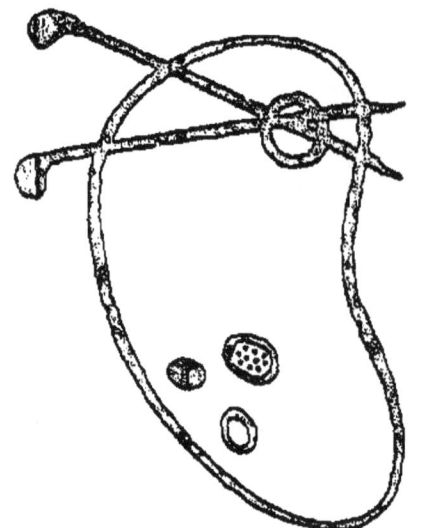

Original en couleur
NF Z 43-120-B

Couverture inférieure manquante

A. VERNIÈRE

ITINÉRAIRES
des Rois de France
& des Papes

DANS L'AUVERGNE & LE VELAY

CLERMONT-FERRAND
TYPOGRAPHIE ET LITHOGRAPHIE MALLEVAL
3, Place de la Treille, 3

1898

Itinéraires des Rois de France & des Papes

DANS L'AUVERGNE & LE VELAY

DE LA PART DE L'AUTEUR

A. VERNIÈRE

ITINÉRAIRES
des Rois de France
& des Papes

DANS L'AUVERGNE & LE VELAY

CLERMONT-FERRAND
TYPOGRAPHIE ET LITHOGRAPHIE MALLEVAL
3, Place de la Treille, 3

1898

ITINÉRAIRES
DES ROIS DE FRANCE
& DES PAPES

dans l'Auvergne & le Velay

A la veille d'une visite royale, ou, pour mieux dire, impériale, dont les générations clermontoises qui vieillissent ont gardé le souvenir, en juin 1862, M. Michel Cohendy, archiviste du département, fit paraître dans le *Moniteur du Puy-de-Dôme* une chronique dans laquelle il rappelait les noms des souverains venus, pour un motif quelconque, en Auvergne. Ce travail intéressant, mais composé pour un journal, a le caractère hâtif des écrits destinés à la presse quotidienne ; il a été maintenu, par son auteur, dans le cadre déjà tracé par l'abbé Delarbre. Plus tard (en 1871), M. A. Tardieu a traité le même sujet dans divers chapitres de l'*Histoire de la ville de Clermont-Ferrand*. Depuis lors, les recherches de quelques savants, leurs publications, les exhumations de plusieurs actes tirés des Archives nationales, ou autres, ont permis de compléter cette liste. Ce n'est pas à dire que des documents nouveaux ne viendront pas préciser des dates, apporter des éclaircissements aux causes de ces voyages et fournir des indications sur les circonstances qui les ont accompagnés. Nous sommes persuadé du contraire, et nous le souhaitons, dans notre désir de connaître d'une manière définitive la suite de ces évènements qui tiennent une place si importante dans les fastes de la province.

Comme la collection du *Moniteur du Puy-de-Dôme* et les gros volumes de l'*Histoire de la ville de Clermont-Ferrand* ne sont pas facilement à la portée de tous, nous allons essayer de reprendre cette nomenclature, d'y ajouter des faits omis, recueillis au cours de nos lectures, sans entrer cependant dans de trop longs détails. Et lorsque nous rencontrerons sur le sol natal d'autres souverains dont la présence, au milieu de nos religieuses populations, n'est pas moins mémorable, les papes, nous ne manquerons pas de signaler leur venue ; laissant de côté toutefois les nombreux passages de membres des familles royales et princières, afin de ne pas encombrer les quelques pages mises aimablement à notre disposition.

Nous ne fouillerons pas dans le lointain des âges, nous ne remonterons pas non plus aux temps nébuleux où l'histoire confine à la légende. Nous n'irons pas au delà des époques qui ont suivi de près l'établissement de la monarchie française; et nous aurons pour garant de nos premières assertions un illustre et saint évêque, enfant de la cité des Arvernes, Grégoire de Tours, le doyen des chroniqueurs français.

Si, de nos jours, les visites royales impliquent des idées de sollicitude et de bienfaits pour les pays qui en sont favorisés, elles n'ont revêtu que tardivement ce caractère; et l'on verra que, presque jusqu'aux temps modernes, elles n'ont été, pour la plupart, que des expéditions guerrières suivies de tous les fléaux que comporte l'invasion.

Childebert Ier, fils de Clovis, ouvre la liste des souverains envahisseurs [1]. Séduit par la réputation de fécondité de la Limagne et trompé par la fausse annonce de la mort de Thierry, son frère, dans les possessions duquel elle se trouvait, il prit, en 530, possession de l'Auvergne qui s'offrait à lui sur les conseils d'un sénateur nommé Arcadius. Mais Thierry n'avait pas péri dans la lutte contre les Thuringiens, et il vint, deux ans plus tard (532), châtier l'infidélité des Auvergnats. Sa vengeance ne s'exerça point sur la ville de Clermont qui ouvrit ses portes. Néanmoins les troupes ravagèrent le surplus de la province; elles pillèrent la plupart des abbayes, Mauriac, Issoire, Thiers, et ruinèrent de fond en comble la basilique de Saint-Julien de Brioude [2].

On a écrit que Théodebert Ier, fils de Thierry Ier, lorsqu'il eut défait (535) les Visigoths en Septimanie, installa à Clarus Mons [Clermont] une riche et belle dame, qui, après la mort de son mari tué à Béziers, avait ouvert au vainqueur les portes du château de Cabrières. La proximité de Clermont l'Hérault de ces deux localités nous porterait à croire, si nous n'avions pas contre nous l'opinion de graves historiens, qu'il

---

(1) Grégoire de Tours, *Hist. des Franc.*, l. III, ch. IX. — Ad. Michel, *L'ancienne Auvergne et le Velay*, t. I, p. 351.

(2) Grégoire de Tours, op. cit., l. III, ch. XI et XII. *De miraculis S. Juliani*, XIII. — Ad. Michel, op. cit., t. I, page 355. — Aug. Thierry, *Lettres sur l'Hist. de France*, lett. VII. — *Vita S. Austremi*, dans Labbe, *Biblioth. nov.*, t. II. — Dom Bouquet, *Recueil des Historiens des Gaules et de la France*, t. III, p. 407.

s'agit plutôt de la petite citadelle languedocienne que de la capitale du pays des Arvernes (1).

Celle-ci était alors une des villes les plus considérables de l'Aquitaine, aussi Clotaire, roi de Soissons, qui, à la mort de Théobald, s'était emparé du royaume de son petit neveu, envoya-t-il son fils Chramme pour y asseoir et affermir son autorité (556). Ce fut une des plus tristes époques de l'occupation franque en Auvergne (2).

A la mort de Clotaire, qui avait fini par recomposer l'empire entier de son père, Clovis Ier, il fut fait un nouveau partage. Sigebert, le plus jeune de ses quatre fils, eut le royaume d'Austrasie où étaient compris l'Auvergne, le Velay et le Gévaudan. Il épousa une fille d'Atanagilde, roi des Visigoths d'Espagne, Brunehaut. Cette reine, sur laquelle les historiens ont porté les jugements les plus contradictoires, était, nous apprend Grégoire de Tours, lorsqu'elle traversa nos contrées, en 565, pour se rendre de la cour de Barcelone à celle de Metz, « une personne « élégante dans ses manières, d'un esprit plein de grâces, digne et hon- « nête dans ses mœurs, de bon conseil et de conversation charmante » (3). C'est sur cette gracieuse apparition que se ferme la série des visites des souverains de la première race ; et plus de deux siècles s'écouleront avant que des princes, d'une autre dynastie, viennent assurer, par les armes, leur domination au milieu des peuples Arvernes restés, au fond de l'âme, Gallo-Romains et toujours hostiles à la suprématie des Francs.

Eudes, duc d'Aquitaine, et son fils Gaifre, derniers héritiers des mérovingiens, essayèrent de résister aux fils de Charles Martel et de conserver leur indépendance. Pépin le Bref mit quinze ans à réduire ces hostilités. Déjà, en 760, il avait surpris Gaifre et avait pénétré, par le Berry, en Auvergne qu'il avait ravagée à son aise. L'année suivante, celui-ci, ayant pris l'offensive, porta la guerre chez son ennemi. Pépin rassembla aussitôt une armée nombreuse et vint mettre le siège devant la ville de Clermont qui, malgré la vigoureuse défense du comte Blandin, obligée de se rendre, fut complètement ruinée. Le pays entier fut pillé et dévasté. En 764, Pépin était encore en Auvergne, puisqu'il

---

(1) GRÉGOIRE DE TOURS, *Hist. des Francs*, l. III, ch. XXIII. — *Hist. générale de Languedoc*, t. I, l. V, p. 266 (édition ancienne).

(2) GRÉGOIRE DE TOURS, *op. cit.*, l. IV, ch. XIII.

(3) GRÉGOIRE DE TOURS, *op. cit.*, l. IV, ch. XXVII.

transféra, lui-même les reliques de saint Austremoine de Volvic à l'abbaye de Mauzac. Il y revint en 767 et acheva, par la prise de plusieurs places de la haute Auvergne, de soumettre cette province à son autorité [1]. C'est probablement alors qu'il signa, à Mauzac, le diplôme en faveur de ce monastère rapporté dans les *Preuves* de la *Gallia christiana* [2].

Si nous craignions pas d'interrompre cet exposé rapide, nous essayerions de rectifier une allégation de Delarbre [3], rappelée par M. Cohendy : à savoir que Thierry Ier, d'après l'un, ou Pépin le Bref, d'après l'autre, aurait détruit un aqueduc « entier sous l'empire de Déce en 250 » qui amenait à Nemetum « tout le ruisseau d'Estoupat (c'était le « lac de Servière) qui coule vers Orcival. L'aqueduc commence dans le « pré le Comte, et continue jusqu'à Fontanat, dont la source n'est que « l'écoulement de l'ancien aqueduc qui s'est rompu en cet endroit. » (Delarbre d'après Audigier). Certes, nous ne discutons pas, et nous aurions pour nous l'autorité de l'auteur anonyme de la *Vie de saint Austremoine*, qu'un immense et bel aqueduc ne conduisit à Nemetum une quantité considérable d'eau [4]. Une importante ville romaine ne se concevrait guère sans une grande abondance de cet élément essentiel à la vie. Mais rien ne prouve qu'on y ait amené, en passant, contre toute vraisemblance, par Fontanas, les eaux du ruisseau d'Estoupat, sorti du lac de Servières. Ce lac n'a pas d'émissaire, du moins d'émissaire subaérien, et il ne donne pas naissance au ruisseau d'Estoupat ou de l'Estoupat. Celui-ci prend son cours non loin du village du Cohaillon, près d'Aurières, et il va se perdre au milieu des prairies de Randanne, sous la cheire du Puy de Vichatel. Cette disparition naturelle, inexpliquée à une époque où les connaissances géologiques et hydrologiques étaient plus que sommaires, a dû faire supposer l'existence d'un canal artificiel que, ne rencontrant pas en aval, on a considéré comme ayant été rompu ; et, de là, à trouver le nom du destructeur il n'y avait qu'un pas. On n'a pas hésité à le franchir. Si un aqueduc a été détruit au quatrième siècle ou à la fin du huitième, peut-être prenait-il naissance à Fontanas ou ailleurs, mais il ne partait assurément pas du ruisseau d'Estoupat.

---

(1) AD. MICHEL, *op. cit.*, t. I, p. 489. — *Vita S. Austremonii*, LABBE, *Biblioth. nov.*
(2) T. II, Inst., col. 108.
(3) DELARBRE, *Notice sur le royaume des Auvergnats*, p. 108.
(4) *Acta sanctorum*, Novembris tomus I, p. 49 E, « ... et aquæducto grandi et miro opere irrigabatur. »

Les *Annales de la ville d'Issoire*, publiées par M. J.-B. Bouillet, rapportent que Charlemagne allant combattre les Maures d'Espagne, traversa l'Auvergne, y construisit le monastère de Mauglieu et, pour y perpétuer sa mémoire, y laissa son effigie en argent, sous la forme d'un buste-reliquaire, où l'on mit les restes de saint Sébastien. Nous ne garantissons pas cette tradition qui n'est appuyée sur aucun texte ancien et que des documents paraissent infirmer. Cet empereur aurait lui-même rappelé son passage au Puy dans l'acte de fondation de dix chanoines pauvres à Notre-Dame du Puy. Mais l'authenticité de cette charte est contestée; et l'on s'est demandé si elle ne constituait pas une de ces supercheries usitées au moyen âge, et qui consistaient à abriter des prétentions douteuses sous un titre frauduleux [1].

Charlemagne découpa dans son immense empire un royaume d'Aquitaine. Il y installa son fils Louis, alors très jeune, après l'avoir fait acclamer (781) dans les principales villes de ce vaste territoire : Toulouse, Limoges, Clermont, Bourges. Le prince vécut trente ans au milieu des peuples du midi dont il avait adopté, par un sentiment de sage politique, les mœurs et le costume. Ces concessions à l'esprit de nationalité, autant que sa justice et sa bonté qui lui ont valu le surnom de Débonnaire, n'ont pas peu contribué à rattacher les populations méridionales à la nouvelle dynastie. Louis avait une de ses principales résidences à Ebreuil, dans le diocèse de Clermont. Lorsqu'il alla, en 814, s'asseoir sur le trône impérial, à Aix-la-Chapelle, il remit l'Aquitaine à son fils Pépin Ier, qui la gouverna jusqu'à son décès [2]. Au lieu de laisser la succession suivre son cours naturel et passer aux enfants de ce dernier, l'empereur voulut que le royaume revînt à son plus jeune fils, Charles (dit plus tard le Chauve) et il se rendit lui-même à Clermont (839) pour en faire reconnaître l'autorité contestée par les héritiers de Pépin. Ceux-ci opposèrent une vigoureuse résistance et se défendaient pied à pied. Louis les assiégea dans Carlat; mais une suite d'insuccès et la mauvaise saison le forcèrent à congédier ses troupes sans avoir pu achever la soumission de l'Auvergne. Charles le Chauve y revint à plusieurs reprises, en 844, 848 et 853 [3].

---

(1) *Tablettes historiques du Velay*, 1re année, pp. 14, 70, 97, 247, 385.
(2) L'Astronome, *Vie de Louis le Pieux*.
(3) D. Bouquet, *Recueil des Historiens des Gaules et de la France*, t. VIII, pp. 468, 495, 524.

Louis le Bègue, son fils, était à Clermont en 878 au dire de l'abbé Delarbre. Nous n'avons trouvé nulle part la confirmation de ce fait. Après lui, le pouvoir royal fut partagé entre son fils, un enfant incapable encore de repousser les invasions normandes, et Eudes qui avait été élu par une partie des seigneurs. C'est seulement en 898, à la mort de ce dernier, que Charles le Simple devint l'unique souverain.

En 890, le roi Eudes s'était retiré dans la ville du Puy, pour vaquer au gouvernement de l'Etat et rassembler, une armée. Il en partit, se dirigeant sur Brioude où il fit des offrandes royales à saint Julien. Puis il entra sur le territoire de Clermont et marcha contre les Normands qui assiégeaient Montpensier. Il les battit et fit leur chef prisonnier [1].

Entre temps, le royaume d'Aquitaine avait été démembré et le comté d'Auvergne avait été attribué à Raymond-Pons, comte de Toulouse. A sa mort, Louis IV d'Outremer disposa de l'Auvergne en faveur de Guillaume Tête d'Etoupe, duc d'Aquitaine. Les seigneurs, qui tenaient pour le fils de Raymond-Pons, se seraient révoltés et le roi aurait été contraint de marcher avec une armée pour les réduire à l'obéissance (951).

Déjà les ducs de France enserraient les rois carolingiens dans le cercle de leurs possessions, au milieu duquel ceux-ci allaient bientôt être étouffés. Le roi Lothaire crut parer à ce danger en mariant son fils, qui fut ensuite Louis V, avec Adélaïde, sœur de Geoffroi, comte d'Anjou, veuve d'un riche et puissant seigneur, Etienne, comte de Gévaudan. Accompagnés d'une nombreuse chevalerie, le roi et son fils se dirigèrent sur l'Auvergne [2] où le mariage eut lieu à Vieille-Brioude (982). Adélaïde y fut couronnée reine par les évêques de Clermont, du Puy et l'archevêque de Bourges. Grâce à cette union, Lothaire comptait assurer sa souveraineté sur l'Aquitaine, la Gothie et la Marche d'Espagne. C'est à lui que les abbés des monastères de ces pays s'adressèrent pour la confirmation de leurs privilèges. Il signa deux de ces actes, l'un à Brassac sur l'Allier, le dernier jour de la vingt-huitième année de son règne (9 septembre ou 10 novembre 982), l'autre à Parentignat-sous-Usson le premier jour de la vingt-neuvième année [3]. La mauvaise intelligence

---

(1) RICHER, *Histoire de son temps*, t. I, pp. 19 et suiv. (Edition de la société de l'Histoire de France).

(2) F. LOT, *Les derniers Carolingiens*, pp. 126 et 127.

(3) Dom BOUQUET, *Recueil des Historiens des Gaules et de la France*, IX, pp. 648 et 649.

ne tarda pas à régner entre Louis et Adélaïde, qui bientôt se séparèrent. Lothaire alla chercher son fils à Brioude, moins de deux ans après l'y avoir installé ; et les rêves de domination sur l'Aquitaine s'évanouirent.

A l'aurore de la dynastie capétienne, qui présida pendant plus de huit siècles aux destinées de la France, nous rencontrons un savant personnage qui joua un rôle dans son avènement au trône. Nous voulons parler de Gerbert devenu, plus tard, le premier pape français sous le nom de Sylvestre II. Né près d'Aurillac, il quitta l'Auvergne, âgé d'environ vingt-cinq ans, en 968, et il ne paraît pas y être revenu. Il n'y exerçait pas, du moins, une grande influence ; car Hugues Capet fut plusieurs années à y être reconnu roi. Baluze cite deux chartes datées, l'une du « règne du Christ », l'autre de celui de « Charles » de Lorraine, l'héritier naturel de Louis V [1]. En Velay, un diplôme de l'abbaye de Saint-Chaffre-du-Monastier porte cette souscription : « de l'année de l'incarnation 993, régnant Notre Seigneur Jésus Christ, le roi Hugues, contre tout droit, usurpant le royaume » [2]. La soumission était cependant complète en 994, lorsque ce prince vint à Souvigny, alors du diocèse de Clermont, assister aux funérailles de saint Mayeul. L'année suivante, en juillet, il accorda aux religieux de cette abbaye le droit de battre monnaie quand il retourna au tombeau du même saint demander la santé [3].

Pour un semblable motif, son fils Robert entreprit, en 1031, une série de pèlerinages, à Souvigny, à Notre-Dame de Clermont, à Saint-Julien de Brioude, où il se trouvait en carême, à la Vierge du Puy ; et, en revenant de Toulouse, il s'arrêta à Saint-Géraud d'Aurillac [4]. Frappé des dispositions architecturales de la cathédrale de Clermont, ce roi voulut que le chevet de l'église du monastère de Saint-Aignan d'Orléans fut reconstruit sur un plan absolument identique à celui qu'il avait admiré [5].

Vers le déclin du onzième siècle, en 1095, la ville de Clermont fut le

---

[1] BALUZE, *Hist. généal. de la Maison d'Auvergne*, t. II, pp. 43 et 44.
[2] Abbé UL. CHEVALIER, *Cartulaire de l'abbaye de St-Chaffre-du-Monastier*, p. 74.
[3] *Recueil des Hist. des Gaules et de la France*, t. X, pp. 362 et 585.
[4] *Op. cit.*, t. X, p. 114.
[5] HELGALDUS FLORIACENSIS, in *Recueil des Hist. des Gaules et de la France*, t. X, p. 110.

théâtre d'un des évènements les plus considérables de l'histoire de la chrétienté. La première croisade pour la délivrance du saint Sépulcre y fut décidée dans un concile présidé par le souverain pontife lui-même. Dans ce but, le pape Urbain II arrive d'Italie en France au commencement du mois d'août, célèbre la fête de l'Assomption au Puy-en-Velay et consacre, le 18 de ce même mois, la première église de l'abbaye de la Chaise-Dieu, celle que remplaça l'édifice aujourd'hui existant, construit aux frais de Clément VI pendant le quatorzième siècle. De là le pape descend la vallée du Rhône jusqu'à Avignon, remonte ensuite à Lyon le 17 octobre 1095 et se rend à Cluny, où le rappelaient les plus chers souvenirs de sa jeunesse monastique. Il passe à Autun, il s'arrête à Souvigny, qu'il quitte le 12 novembre et, après une halte au Montet-aux-Moines, il fait une entrée solennelle, le 14, dans la ville de Clermont. Il y tient le concile jusqu'au 26 novembre. Il part pour Sauxillanges le 2 décembre et consacre le lendemain l'église de ce monastère. Il est le 4 à Brioude. Le 6, il se dirige sur Saint-Flour, dont il consacre aussi l'église, et y séjourne à cause de la maladie et de la mort d'un des prélats de sa suite, le cardinal Jean, évêque de Porto. Il va à Aurillac; et le 21 décembre il avait quitté la terre d'Auvergne [1].

La *Gallia christiana* [2] a reproduit, d'après la *Bibliotheca Cluniacensis*, le texte d'une charte de Philippe Ier datée de Mauzac « en 1095, la trente-septième année de son règne. » Il doit exister une erreur dans la transcription ou dans l'impression de cette pièce. Si l'acte a été passé en 1095, il est de la trente-cinquième année du règne de ce roi, qui est monté sur le trône en 1060; mais s'il a été dressé au cours de la trente-septième année, c'est en 1097 que ce prince était en Auvergne. Il est peu probable que Philippe, frappé par les foudres de l'Eglise pour avoir répudié sa femme, se soit trouvé dans le voisinage aussi immédiat du pape et du concile où l'excommunication venait d'être renouvelée. Au surplus, la date de 1097 a été adoptée par les bénédictins dans la nouvelle édition de la *Gallia christiana*.

Dix ans après, le pape Pascal II vint en France chercher du secours

---

(1) Abbé CHAIX DE LAVARÈNE, *Monumenta pontificia Arverniæ*, t. I. — *Rec. des Hist. des Gaules et de la France*, t. XIV, p. 688, n. — Abbé CRÉGUT, *Le Concile de Clermont en 1095 et la première croisade*, passim.

(2) T. II, Inst., col. 110. — *Bibliotheca Cluniacensis*, col. 533.

contre l'empereur. En quittant Troyes, où il avait réuni un concile, il se mit en route vers le midi. Le 25 mai 1107, il était à Souvigny. Il y demeura quelques jours, ainsi qu'à Clermont, où il consacra, le 26 juin, l'église de l'abbaye de Saint-Allyre [1]. Le 28 juin il passa à Sauxillanges. Il se trouvait, le 13 juillet, à Brioude, ainsi que l'a prouvé M. Edouard André, archiviste du département de l'Ardèche [2], et non à Privas, comme l'ont écrit les auteurs de l'*Histoire générale de Languedoc* [3]. Fausse lecture entrevue, du reste, par les éditeurs du *Recueil des Historiens de la France* [4]. Le lendemain, au Puy, il donnait une bulle en faveur de l'église de Notre-Dame.

Pendant leurs séjours dans les villes qu'ils traversaient, ou dans les abbayes, les papes octroyaient souvent des immunités ou des privilèges; de plus, leurs voyages n'interrompaient pas le règlement des affaires dont ils avaient à décider; et c'est à l'aide des dates de documents émanés de la chancellerie pontificale qu'il a été permis de reconstituer leur itinéraire. De même, la présence en Auvergne de plusieurs rois de France est signalée, non par les chroniques du temps, mais par la signature de chartes délivrées à leur passage sur certains points du territoire de la province.

Gélase II, qui occupa le siège de saint Pierre pendant quelques mois seulement, serait venu au Puy du 10 au 13 décembre 1118 [5]. Il ne semble guère possible cependant qu'entre ces deux dates il ait pu aller d'Alais à Saint-André-lès-Avignon, en passant par la capitale du Velay. Il mourut le 29 janvier 1119 à Cluny où se fit, le 1er février suivant, l'élection de son successeur Calixte II. Ce souverain pontife arriva au Puy, venant de Lyon, le 15 avril 1119 (nouveau style). Il y resta au moins jusqu'au 20. Le 28 nous le trouvons à la Chaise-Dieu, le 1er mai à Brioude, où il était encore le 4. Il alla à Sauxillanges le 10 mai, puis à Clermont le 19. Il consacra alors l'église du prieuré de Saint-Robert de Montferrand et, l'ayant reçue en hommage, la donna avec le consentement du fondateur à l'abbé de la Chaise-Dieu. Le 24

---

(1) *Gallia Christiana*, t. II, col. 828.
(2) *Note sur un passage à Privas attribué au pape Pascal II* (Paris, Leroux, 1893).
(3) T. III, p. 678 (édition Privat).
(4) *Recueil des Historiens des Gaules et de la France*, t. XV, p. 5, n.
(5) *Hist. générale de Languedoc*, t. III, p. 637 (édition Privat).

mai il visita l'abbaye de Manzac. Le 1er juin, il passa de nouveau à Brioude, et il se trouvait à Saint-Flour le 2 juin (1).

Aimeric gouvernait alors l'Eglise d'Auvergne. Il avait beaucoup à se plaindre du comte Guillaume VI, qui s'était emparé de la cathédrale de Clermont et s'y était fortifié. L'évêque implora le secours du roi de France. Louis VI répondit à cet appel et vint mettre le siège sous les murs de cette ville en 1121 (2). Pensant qu'elle ne tarderait pas à se rendre, il alla s'emparer du Pont-du-Château. Un accord fut conclu et la cité fut restituée à l'évêque; mais ce traité n'ayant pas été observé, et le comte d'Auvergne ayant recommencé ses déprédations, le roi fut obligé de revenir pour y mettre un terme, en 1126. Il assiégea Montferrand et l'incendia (3).

Innocent II, expulsé de Rome par l'anti-pape Anaclet, s'était réfugié en France. Après avoir traversé le Vivarais et le Velay, il alla à Cluny, d'où, après avoir passé par Roanne, il vint présider le onzième concile de Clermont le 4 novembre 1130. Il était encore dans cette ville le 8 décembre suivant; mais il en était parti le 19, jour auquel nous le retrouvons à Decize (3).

Entre le 1er août 1138 et le 22 avril 1139, le roi Louis VII, dit le Jeune, par une charte, donnée à Brioude même, accorde aux chanoines de Saint-Julien de ne pas pouvoir être contraint à recevoir dans leur ville aucun juge royal. Ce prince était au Puy le 25 mars 1139 (4).

M. A. Tardieu rapporte qu'en 1143 le pape Célestin II passa à Clermont (5).

Entre août 1146 et février 1147, le roi Louis VII parcourait l'Aquitaine afin de recueillir de l'argent pour aller à la croisade. Il vint au Puy (on prétend le 5 mai), et dans un titre, par lequel il renouvelle

---

(1) Ulysse ROBERT, *Histoire du pape Calixte II*, passim.
(2) *Recueil des Historiens des Gaules et de la France*, t. XII, pp. 53, 185, 212.
(3) SUGER, *Vie de Louis le Gros*, ch. XXI.
(4) *Recueil des Historiens des Gaules et de la France*, t. XIV, p. 345. — ODO DE GISSEY, *Discours historiques de la très ancienne dévotion de Nostre-Dame du Puy* (édition de 1644), p. 841.
(5) ANDRAUD, *Mémoire sur la noblesse du chapitre de Saint-Julien de Brioude*, p. 19. — Ms. de COMBRES DE LAURIE, *Recueil historique et chronologique du noble chapitre de Brioude*, fol. 94 v. — LUCHAIRE, *Etudes sur les actes de Louis VII*, pp. 68 et suiv., 108. — *Histoire générale de Languedoc*, t. III, p. 710 (édition Privat).
(6) *Histoire de la ville de Clermont-Ferrand*, t. I. p. 98.

les privilèges de cette ville, il déclare que l'obligation où il se trouve de demander une somme d'argent à l'évêque pour subvenir aux frais de son voyage de Terre-Sainte, ne peut tirer à conséquence pour l'avenir [1].

Guillaume VI, qui fut cause des deux expéditions de Louis VI en Auvergne, laissa deux fils; l'un, son successeur, Robert III, et l'autre connu dans l'histoire de la province sous le nom de Guillaume VIII le Vieux. Celui-ci enleva à son neveu, appelé sans doute par opposition le Jeune, la succession de son père, pendant qu'il était en Palestine avec le roi Louis VII. Le comte dépossédé commit la faute de solliciter, pour rentrer dans ses droits, l'appui du roi d'Angleterre, alors en Guienne; tandis que Guillaume VIII se déclarait vassal du roi de France. Cette querelle de famille donna naissance à un conflit entre les deux souverains et occasiona le premier démembrement du comté d'Auvergne. Une des phases de ces hostilités fut la ligue du comte de Barcelone et d'un certain nombre de seigneurs du midi avec Henri II d'Angleterre contre Raimond de Toulouse, qui demanda du secours à son beau-frère Louis VII. Celui-ci répondit à son appel, et c'est au retour de ce voyage en Languedoc qu'il passa à Clermont entre le 12 avril 1159 et le 26 mars 1160 [2].

Obligé de quitter l'Italie, le pape Alexandre III, à l'exemple de plusieurs de ses prédécesseurs, chercha un asile en France et aborda à Maguelone le 12 avril 1162. Il resta quelque temps à Montpellier, d'où, par Alais et Mende, il alla au Puy, de là à Brioude. Il s'y trouvait le 1er août. Le 14, il présida le douzième concile de Clermont, où il était encore le 19. Il passa à Saint-Pourçain et alla rejoindre à Souvigny le roi Louis VII qui était venu l'attendre [3]. Ce prince y manda l'évêque du Puy et les vicomtes de Polignac, ses voisins, pour régler un différend qui existait entre eux, depuis longtemps, au sujet des vexations exercées par ces derniers sur les pèlerins qui se rendaient à Notre-Dame du Puy. Il les fit convenir d'un accord auquel les seigneurs de Polignac ne tardèrent pas à porter atteinte. Les évêques de Clermont et du Puy firent alors un voyage à la cour pour solliciter le secours du roi, qui les prit

---

(1) LUCHAIRE, op. cit., p. 158. — ODO DE GISSEY, op. cit., p. 838. — Hist. gén. de Languedoc, t. III, p. 710.
(2) LUCHAIRE, op. cit., p. 235. — AUDIGIER, Hist. ms. de la ville de Clermont-Ferrand, t. II, fol. 199. — Hist. gén. de Languedoc, t. III, p. 186.
(3) Recueil des Historiens des Gaules et de la France, t. XIII, p. 666. — Hist. gén. de Languedoc, t. III, p. 828.

sous sa protection, se mit à la tête d'une armée et vint dans le Velay en passant par Brioude (1163). Les vicomtes de Polignac voulurent résister ; mais, vaincus, ils furent pris et retenus captifs jusqu'à ce qu'ils eurent fait des promesses solennelles de ne plus commettre d'hostilités contre les églises du Puy. Promesses qu'ils gardèrent fort mal, comme nous verrons bientôt [1].

En 1165 le pape Alexandre III, qui était toujours en France, vint de Bourges à Clermont le 25 mai, y séjourna au moins jusqu'au 15 juin. Il alla ensuite à la Chaise-Dieu et il arriva au Puy avant le 20 juin ; il y était encore le 30 [2].

Alexandre III est le dernier pape dont le pied ait foulé le sol de notre province. D'autres souverains pontifes y ont vécu un temps plus ou moins long de leur existence, mais aucun d'eux n'y est revenu coiffé de la tiare. Clément IV avait été évêque du Puy ; Clément VI, moine à la Chaise-Dieu ; Innocent VI, évêque de Clermont ; Nicolas V, chanoine de Clermont et Grégoire XI, prévôt de Brioude.

Entre le 20 avril 1169 et le 4 avril 1170, le roi Louis le Jeune retourna en Auvergne et en Velay pour châtier le comte d'Auvergne et les vicomtes de Polignac qui continuaient leurs exactions. Il mit d'abord le siège devant Nonette, où Pons de Polignac et son fils Héracle vinrent lui demander grâce. Il alla ensuite à Brioude, où il signa un diplôme en faveur de l'abbaye de Mauzac, puis en pèlerinage au Puy. A son retour il passa par Montbrison, emmenant prisonniers les seigneurs de Polignac. On sait qu'il était à Souvigny au mois de septembre de cette même année 1169 [3].

L'occupation de la Guyenne, par les rois d'Angleterre, était à cette époque une cause permanente d'inquiétude pour les rois de France, dont ces princes attaquaient, à chaque instant, les possessions afin d'agrandir les leurs. Ils avaient détaché une partie de l'Auvergne, quand le roi

---

(1) *Hist. gén. de Languedoc*, t. III, p. 825. — *Recueil des Historiens des Gaules et de la France*, t. XIII, p. 332.

(2) *Recueil des Historiens des Gaules et de la France*, t. XIII, p. 670.

(3) LUCHAIRE, *op. cit.*, p. 282. — *Recueil des Historiens des Gaules et de la France*, t. XVI, p. 147. — *Histoire générale de Languedoc*, t. VI, p. 85. — *Gallia christiana*, t. II, Inst., col. 114. — Dom ESTIENNOT, *Fragmenta historiæ Acquitaniæ*, Bibl. nat., Mss. Lat. n° 12765, p. 315.

Philippe-Auguste y vint pour la reprendre [1]. Il donna alors à Manzac une ordonnance, concernant la ville de Cusset, datée de la cinquième année de son règne (1185) [2]. Richard, fils d'Henri II d'Angleterre, porta la guerre de nouveau en 1187 sur les terres du roi de France, qui, de son côté, répondit en envahissant celles de son adversaire. Après s'être emparé de Châteauroux, Montluçon, il alla en Auvergne où il soumit diverses places et s'avança jusqu'au Puy. Il était dans cette ville vers la fin d'octobre ou le commencement de novembre 1188 [3]. Nous n'avons pas la preuve que Philippe-Auguste soit retourné dans cette province, pour punir le comte et le dauphin d'Auvergne qui s'étaient alliés au roi d'Angleterre, en 1196; ni en 1206, pour mettre la paix entre Guy II et son frère Robert, évêque de Clermont. Une première fois réconciliés par Henri de Sully, archevêque de Bourges, ceux-ci recommencèrent leurs dissensions. Le roi ne vint pas lui-même rétablir l'ordre. Il envoya, en 1209, Guy de Dampierre, comte de Bourbon, qui mit quatre ans à cette besogne, achevée seulement en 1213 par la prise de Riom, Tournoël et Nonette [4].

Comme il revenait de sa seconde expédition contre les Albigeois, en 1226, Louis VIII, après avoir passé à Rodez et à Espalion, arriva à Clermont le 26 octobre et y demeura trois jours, déjà malade de la dyssenterie. Le jeudi 29, il s'arrêta près d'Aigueperse, au château de Montpensier, où il mourut le 9 novembre [5].

Nous avons relevé dans les papiers d'un des membres de l'ancienne Académie de Clermont, l'abbé Martinon, de Brioude, mort curé d'Anzon (Haute-Loire) en 1767, la note suivante : « 1240. Saint Louis « passa en Auvergne à l'occasion de la guerre qu'il déclara aux Albi- « geois. En passant à Issoire il fut surpris de ce que l'Hôtel-Dieu ne « fût pas dans l'enceinte de la ville, saint Louis le souhaitant ainsi « pour la sûreté des malades. Il contribua aux frais du nouvel édifice

---

(1) *Recueil des Historiens des Gaules et de la France*, t. XVIII, p. 142 et t. XX, p. 744.
(2) *Ordonnances des rois de France de la troisième race*, t. IV, p. 205.
(3) Odo de Gissey, op. cit., pp. 850 et 851. — *Hist. gén. de Languedoc*, t. VI, p. 131 et t. VII, p. 23.
(4) Baluze, *Histoire générale de la maison d'Auvergne*, t. I, p. 78.
(5) Petit-Dutaillis, *Étude sur la vie et le règne de Louis VIII*. — *Hist. gén. de Languedoc*, t. VI, p. 619.

qui est aujourd'hui dans la ville. » On doit regretter que ce savant ecclésiastique n'ait pas indiqué la source où il avait puisé ce renseignement.

Les auteurs de l'*Histoire générale de Languedoc* (1) relatent, d'après Baluze (2), le seul historien qui en ait parlé avant eux, une entrevue des rois de France et d'Aragon au Puy en juin 1243. Peut-être fût-elle seulement projetée et n'eut-elle pas lieu ? En tout cas, il faudrait la reporter en juillet ou en août, car, d'après la liste des séjours de Louis IX, publiée dans les *Historiens de France* (3), le roi était le 29 mai à Paris, en juin à Pontoise et à Vernon. Un vide, que cette entrevue comblerait en partie au moins, est laissé dans l'itinéraire jusqu'au mois de septembre, époque où ce prince se trouvait à Corbeil.

Il s'était endetté par les frais de la guerre contre les infidèles, et surtout pour le paiement de sa rançon que ceux-ci avaient portée à une somme exhorbitante. Revenu d'outre-mer, il s'appliqua aussitôt à combler le déficit de ses finances en recueillant le droit de *gîte* dans toutes les villes et tous les monastères où il passait ; ce qu'il fit jusqu'à son décès, sauf pendant l'année 1263. Débarqué à Hyères, le 12 juillet 1254, il se rendit, de là, à Beaucaire, Saint-Gilles, Nîmes, Alais, d'où il arriva au Puy le 9 août. Il y perçut, ce jour là, le gîte des bourgeois, le lendemain celui de l'évêque élu du Puy et, le 11, celui du Chapitre de Notre-Dame. Le 12, à Brioude, et le 13, à Issoire, il toucha le gîte de la ville. A Clermont, le 14 celui de l'évêque et le 15 celui de la ville. Le 18, à Saint-Pourçain, le même droit fut acquitté, partie par la ville, partie par le prieur du lieu (4).

Le 28 mai 1262, le roi Louis IX vint à Clermont pour le mariage du jeune Philippe, son fils, avec Isabelle d'Aragon. Il y séjourna plusieurs semaines, employées sans doute à veiller aux préparatifs, et, le 25 juin, il rejoignit à Brioude le roi Jacques d'Aragon qui devait y être arrivé de la veille. Les deux rois étaient rentrés le 28 dans la capitale de l'Auvergne où cette union fut célébrée le 30 juin. Le

---

(1) T. VI, p. 759.
(2) MARCA et BALUZE, *Marca Hispanica*, c. 589.
(3) T. XXI, p. 415.
(4) BRUSSEL, *Nouvel examen de l'usage des fiefs en France*, t. I, p. 558. — *Rec. des Hist. des Gaules et de la France*, t. XXI, pp. 404, 415, 448, 587, 419.

2 juillet, en quittant Clermont, le roi de France reçut son droit de gîte [1].

Ayant formé le projet de réconcilier les rois d'Aragon et de Sicile, Philippe le Hardi, fils de saint Louis, entreprit, au mois de mai 1283, un voyage dans le midi de la France. Il parcourut la Guyenne, la Gascogne, le bas Languedoc, la Provence, puis il rentra en Languedoc, et, par Nîmes et Alais, où il était le 18 et le 19 octobre, se rendit au Puy [2]. Il y arriva le 24; le 28, il se trouvait à Clermont, le 29 à Riom. Il séjourna à Saint-Pourçain le 31 octobre, les 1er et 2 novembre. Le 4 il était à Souvigny.

Parti, au printemps de 1285, pour aller combattre le roi Pierre d'Aragon, Philippe III, fit une campagne peu fructueuse et tomba malade en Roussillon, à Perpignan, où il mourut le 5 octobre de cette même année. Son fils, Philippe IV, dit le Bel, après lui avoir rendu les derniers devoirs, songea à rentrer en France. Il passa à Narbonne, Béziers, Nîmes, et le 30 octobre il avait gagné Pradelles, petite ville située à quelques lieues du Puy où il célébra les fêtes de la Toussaint et des Morts. Les comptes de ses voyages et séjours indiquent qu'il s'arrêta à Issoire le 4 novembre, à Montferrand le 5, qu'il traversa Aigueperse le 6 ou le 7, date à laquelle il fut reçu à Saint-Pourçain. Le 9, il était à Bourbon-l'Archambaud [3].

En décembre 1303, ce prince alla à Toulouse dans le but d'apaiser les différends entre seigneurs qui agitaient la province de Languedoc. Au bout de trois mois il reprit la route de France et il vint de Nîmes (29 février) à Clermont, où il arriva le 8 mars. Il y signa des actes le 10 et le 14 mars 1304 (1303, ancien style), jour qui était, en cette année là, « le jeudi après la fête de saint Grégoire »; c'est la date

---

(1) *Rec. des Hist. des Gaules et de la France*, t. XXI, pp. 415 et 587.

(2) *Rec. des Hist. des Gaules et de la France*, t. XXI, p. 410, t. XXII, pp. XXXVIII, 430, 434, 440, 460, 457, 464. — ODO DE GISSEY, op. cit., p. 400. — MÉDICIS, *Le livre de Podio*, t. I, p. 218. — *Hist. gén. de Languedoc*, t. IX, p. 97.

(3) *Mémoires de l'Académie des Inscriptions et Belles-Lettres*, t. XX, p. 284. — *Hist. gén. de Languedoc*, t. IX, p. 121. — *Rec. des Hist. des Gaules et de la France*, t. XXI, p. 480, t. XXII, pp. 448, 454, 462, 467, 485. — ODO DE GISSEY, op. cit., p. 405.

que portent des Lettres relatées dans un inventaire des archives de cette ville copié par le président Savaron [1].

Philippe de Valois entreprit, à la fin de l'année 1335, un voyage dans le midi de son royaume pour s'assurer des secours contre le roi d'Angleterre et aussi pour visiter le pape Benoît XII à Avignon. Il alla jusqu'à Marseille, puis il songea au retour; et, s'il rentra à Paris par la Bourgogne, comme le disent les auteurs de l'*Histoire générale de Languedoc* [2], ce n'est pas en remontant le cours du Rhône et de la Saône; mais après avoir traversé le massif central de la France. Selon Gaujal, l'historien du Rouergue [3], il aurait passé à Milhau au mois de juillet 1336 (1335, v. s.). Chabron, le chroniqueur inédit de la Maison de Polignac, nous apprend qu'il s'avançait, à petites journées, par le Gévaudan et l'Auvergne; et que Pons de Polignac, doyen de Brioude, et son neveu le vicomte l'hébergèrent pendant trois jours au château de Salzuit, près de Paulhaguet [4]. Rien n'empêche que, de là, il ait gagné la Bourgogne et, en s'y rendant, qu'il se soit arrêté à Clermont, comme le rapporte Delarbre [5], sans indiquer ses sources d'information, qui ne seraient pas sans utilité; car ses dires n'offrent pas toujours un caractère suffisant de certitude. C'est ce qui rend suspecte l'assertion qu'il a émise d'un voyage du dauphin, fils de Charles V, en Auvergne, en 1370. Ce voyage n'est pas mentionné dans les *Itinéraires des rois de France* de d'Aubais qui ont servi de canevas à notre étude [6]. A moins que Delarbre n'ait cru que ce prince était allé, en personne, acquitter le voeu que son père avait fait pour lui à saint Julien de Brioude et que l'évêque de Clermont rendit à sa place le 23 juillet 1370 [7].

---

[1] *Hist. gén. de Languedoc*, t. IX, p. 266. — *Rec. des Hist. des Gaules et de la France*, t. XXI, p. 413. — Archives de la ville de Clermont, *Inventaire dressé par* Bunyer, fol. 54, recto.

[2] T. IX, p. 487.

[3] De Gaujal, *Etudes historiques sur le Rouergue*, t. II, p. 169.

[4] Chabron, *Histoire de la maison de Polignac*, liv. VIII, ch. III. (Ms. appartenant à M. le prince de Polignac).

[5] Delarbre, *Notice sur l'Auvergne et la ville de Clermont*, p. 59.

[6] Ménard et d'Aubais, *Pièces fugitives pour servir à l'Histoire de France*, t. I 1re partie, pièce IIIe, pp. 75 et suiv.

[7] Abbé Souliroux, *Vie et miracles de S. Julien*, p. 61. — Ms. de Combres de Laurie, déjà cité, fol. 265, recto.

La *Chronique du bon duc Louis de Bourbon* [1] et l'*Histoire générale de Languedoc* [2] veulent que Charles VI soit allé de Gannat au Puy en 1389. D'après l'itinéraire de ce roi dressé par M. Molinier [3], on voit qu'il se rendit de Gannat à Lyon pour continuer son voyage dans le midi. Il n'a pas suivi la voie la plus courte, s'il a pris par le Velay.

Charles VI est venu une autre fois, en 1394, chercher à Notre-Dame du Puy la guérison du mal dont il ressentait de vives atteintes. Il arriva, par Gannat, à Clermont où il accorda des Lettres de rémission à raison de son « joyeux avènement et première entrée » dans cette ville [4]. Les rois de France avaient le privilège de rendre la liberté à un prisonnier lors de leur première entrée dans une cité. Il alla ensuite à Brioude, où on lui fit une réception solennelle. On le revêtit de l'habit de chanoine de l'église de Saint-Julien, on le mena au chœur, en qualité de fondateur, puis on le conduisit dans la salle où le Chapitre s'assemblait et où lui fut prêté l'hommage dû au roi par ceux qui le composaient [5]. Suivi des ducs de Berry et de Bourgogne, ses oncles, il entra au Puy le mercredi 24 mars 1394, fit ses dévotions le jour de l'Annonciation, et le lendemain rendit visite à l'évêque au château d'Espaly. Il repartit le 27 [6].

Pendant les dernières années de la vie de son père, le dauphin ne s'éloigna guère des provinces du centre; néanmoins, en 1419, il se disposa à aller en Languedoc où le comte de Foix tenait une conduite équivoque. Il partit de Bourges au commencement de décembre, traversa d'abord le Bourbonnais, le Forez et se rendit à Lyon, où il avait convoqué une assemblée des princes du sang. Il prit ensuite la route directe de Lyon à Toulouse, celle que l'on suivait encore trois cents ans plus tard; c'est-à-dire par les montagnes du Forez de la haute Auvergne, de l'Aubrac et les plaines de l'Albigeois; s'écartant quelquefois un peu du chemin tracé pour visiter les villes de quelque importance qui en étaient voisines. Il vint à Vienne le 8 février 1420,

---

(1) Edition de la Société de l'Histoire de France, p. 216.
(2) T. IX, p 939.
(3) T IX, p 939.
(4) *L'Auvergne historique, littéraire et artistique*, 1898, Lettres de rémission.
(5) *Ms. de Combres de Laurie*, déjà cité, fol. 67, recto.
(6) MÉDICIS, *De Podio*, t. I, p. 282. — ODO DE GISSEY, p. 442.

à Rive-de-Gier le 9, à Saint-Chamond le 10, et, sans doute par Saint-Bonnet-le-Château et Craponne, il gagna Brioude. Il y fut magnifiquement accueilli et y resta les 14 et 15 février. Il passa à Massiac le 16, à Saint-Flour le 17 et arriva à Toulouse le 3 ou le 4 mars [1]. Il parcourut le bas Languedoc, soumit la ville de Nîmes et, après la prise du Pont-Saint-Esprit, il se dirigea sur le Puy où il parvint la veille de la fête de l'Ascension (15 mai 1420), le lendemain soir il coucha à Loudes, passa le 17 à Langeac et il était de nouveau le 19 à Brioude [2] où il semble avoir séjourné. Il resta à Clermont du 22 au 28 mai. Le 26 il y présida les Etats de la province [3]. Le 29 il se trouvait à Riom. Monstrelet [4] et après lui les auteurs de l'*Histoire générale de Languedoc* [5] ont écrit que Charles VII apprit la mort de son père au château d'Espaly, près du Puy. Il est absolument démontré qu'il en fut informé à Melun-sur-Yèvre, en Berry [6].

Ce prince, dont une grande partie de l'existence fut occupée à chercher des subsides pour résister aux Anglais, en vint solliciter des Etats de Langedoïl, à Riom, le 24 novembre 1424. Il était à Montferrand au commencement de décembre, puisqu'il existe des ordonnances datées de cette ville et de ce mois [7]. Le 19 décembre il réunit les Etats de Languedoc à Espaly, près du Puy où il alla le 24. Il était accompagné de la reine et de Jacques de Bourbon, roi de Hongrie. La cour passa les fêtes de Noël et de l'Epiphanie dans ce château. Elle s'y trouvait encore le 9 janvier [8]. Elle s'en retourna par Allègre [9] ; d'où elle revint à Montferrand [10].

Charles VII avait convoqué les mêmes Etats généraux de Languedoc, pour le mois d'Avril 1434, à Vienne en Dauphiné. Il s'y rendit

---

(1) G. Du Fresne de Beaucourt, *Histoire de Charles VII*, t. I, pp. 198 et 202.
(2) *Ms. de Combres de Laurie*, fol. 263, verso. — Médicis, op. cit., t. I, p. 243.
(3) Archives de la ville de Clermont, *Inventaire dressé par* Bunyer, f. 1. 54, recto. — A. Thomas, *Charles VII, dauphin, à Clermont en Auvergne* (Annales du Midi, 1889, p. 57).
(4) T. II, p. 2 et suiv.
(5) T. IX, p. 1078.
(6) De Beaucourt, op. cit.
(7) *Ordonnances des rois de France de la troisième race*, t. XIV, p. 224.
(8) *Hist. gén. de Languedoc*, t. X, c. 2050.
(9) Médicis, *De Podio*, t. I, p. 245. — Odo de Gissey, op. cit., p. 469.
(10) De Beaucourt, op. cit., t. II, pp. 79 et suiv.

de Bourges, passant à Issoire le 15 avril et à Notre-Dame du Puy[1].
Il les présida le 30 avril et alla acquitter un vœu à Saint-Antoine
de Viennois.

Le 3 décembre 1436 le roi arriva à Clermont dans la soirée, y resta
tout une semaine (d'un lundi à l'autre) et assista aux Etats provinciaux d'Auvergne[2], le 10 décembre; puis il alla, par Aigueperse,
Vichy, Cusset, Saint-Haon-le-Château, à Lyon et de là à Béziers. Rappelé par les intrigues et les incursions de Rodrigue de Villandrando et
de Charles, duc de Bourbon, son beau-frère, il passe à Milhau (10
mai 1437), à Rodez, à Saint-Flour le 14, y reste jusqu'au 20; va coucher
à Brioude et se porte rapidement sur Clermont. Il s'arrête à Montferrand le 24, traverse Aigueperse, Saint-Pourçain et rejoint l'armée à
Montmarault[3].

Le dauphin, qui devait être plus tard Louis XI, accompagnait alors
son père. Comme il se rendait en Languedoc, deux ans après, il passa
à Saint-Flour le 27 Juin 1439, venant du Puy[4]; et à son retour, le
1er novembre suivant, il s'arrêta à Ruines[5].

Au printemps de cette année 1439, le roi est à Riom (du 30 mars au
7 avril). Il préside une réunion des Etats provinciaux d'Auvergne, y
célèbre les fêtes de Pâques et prend la route du Puy, où il arrive le
2 mai. Il réunit, le 14, les Etats généraux de Languedoc. Il y reste
près d'un mois et se rend à Lyon (12 ou 15 juin). Le 29 juin on le
trouve à Clermont, qu'il n'avait pas visité lors de son premier passage[6].

L'année suivante (1440) la Praguerie ramena Charles VII dans le
centre de la France. Cette révolte avait pris naissance en Poitou où il
tâcha de joindre les conjurés; mais ceux-ci ne l'attendirent pas. Il les
poursuivit, en soumettant, sur sa route, les villes de Guéret (2 mai),

---

(1) De Beaucourt, op. cit., t. II, p. 304; d'après les Chroniques du héraut
Berry.

(2) Mss. de Dulaure. Bibliothèque de la ville de Clermont.

(3) M. Boudet, Charles VII à Saint-Flour et les préludes de la Praguerie (Annales
du Midi, Juillet 1894). — De Beaucourt, op. cit., t. III, pp. 44 à 46.

(4) Médicis, De Podio, t. I, p. 250 — Hist. gén. de Languedoc, t. IX, p. 1133.

(5) M. Boudet, Villandrando et les écorcheurs à Saint-Flour (Revue d'Auvergne,
1894, nos 5 et 6).

(6) De Beaucourt, Op. cit., t. III, pp. 59 à 61. — Odo de Gissey, cit. op., p.
44. — Ordonnances des rois de France de la troisième race, t. XV, p. 511.

Chambon, Evaux, Montaigut-lès-Combrailles, Ebreuil, Aigueperse (jour de la Pentecôte, 15 mai), puis Cusset, Escurolles. Il revint à Aigueperse et arriva enfin sous les murs de Riom. Les princes révoltés se déclarèrent prêts à obéir et à se remettre à la bonne grâce du roi. Des négociations furent engagées, qui devaient avoir lieu au couvent des Cordeliers de Montferrand, mais les assemblées se tinrent d'abord à celui de Clermont, puis aux Jacobins, hors les murs de cette ville, où Charles VII resta du 22 mai au 7 juin [1]. Le lendemain, il partit pour le château de Beauregard, qui était à l'évêque, et y demeura quinze jours [2]. Les pourparlers n'ayant pas abouti, le roi alla assiéger Vichy, Cusset, Varennes, La Palisse, puis il retourna à Cusset. C'est là que, le 17 juillet, le dauphin et le duc de Bourbon vinrent se replacer sous son obéissance [3].

En 1452 et en 1455 ce prince fit de fréquents et longs séjours en Bourbonnais, le dernier aurait même duré deux ans. Il ne paraît pas qu'il soit venu alors en Auvergne [4].

C'est encore une sédition qui y appela Louis XI en 1465, pour combattre le duc de Berry, son frère, plusieurs princes du sang et d'autres seigneurs qui s'étaient insurgés sous prétexte de *bien public*; car c'est le nom que l'on donne à cette ligue, qui n'était autre chose que la coalition d'intérêts privés. Le roi soumit d'abord le Berry et le Bourbonnais, puis il voulut atteindre le Velay et le Vivarais restés fidèles à sa cause [5]. Le 5 mai 1465 il était à Issoire, d'où il se porta sur Riom qui tenait pour le duc de Berry. Le 15 et le 28 juin il fit ses dévotions dans l'église de Marsat, et le 14 juillet il signa la paix avec les révoltés à Manzac; puis il rentra à Paris, qu'on disait être menacé par le comte de Charolais (Charles le Téméraire).

Le 31 octobre 1470, la reine Charlotte de Savoie vint remercier la Vierge du Puy de la naissance du dauphin « et brièvement s'en retourna » dit Médicis [6].

---

(1) A. THOMAS, *Etats provinciaux de la France Centrale*, t. I, p. 199. — *Ordonnances des rois de France de la troisième race*, t. XVI, p. 300.
(2) *Chroniques du héraut Berry*.
(3) BALUZE, *Hist. généal. de la maison d'Auvergne*, t. I, p. 339.
(4) DE BEAUCOURT, op. cit., t. III, pp. 126 et 131.
(5) *Hist. gén. de Languedoc*, t. IX, p. 56 et t. XII, c. 96.
(6) MÉDICIS, *De Podio*, t. I, p. 258.

Le 8 mars 1475, son époux, Louis XI, s'y rendit également en pèlerinage. Il voulut entrer dans ce sanctuaire nus pieds et ne pas y recevoir les honneurs royaux. Il resta au Puy jusqu'au 11. Le 14 il était à Saint-Agrève, sur les confins du Vivarais, se dirigeant vers le Dauphiné et le Lyonnais. Le 28 juin suivant, le roi revenait au Puy, toujours en dévotion, et y demeurait huit jours [1].

M. Tardieu rapporte que Charles VIII s'est trouvé à Riom le 9 mai 1485 [2]. Nous n'avons rencontré aucune autre trace de ce séjour. Il en est de même de celui que le P. Odo de Gissey prétend avoir été fait par ce prince, au Puy, en 1492 [3], pendant lequel une collation lui aurait été offerte au sommet du rocher Saint-Michel.

Il y a en tête de l'*Opus laudabile et aureum* de Vincent Cigand, juge ordinaire de la ville et comté de Brivadois, un privilège de François Ier daté d'Issoire, le 22 juillet 1516. Le roi était-il alors dans cette ville, ou ne serait-ce pas son chancelier, Duprat, qui résidant à cette date dans sa patrie, aurait délivré ce privilège au bailli de Brioude, son protégé ? C'est la seule mention que nous ayons recueilli d'un passage possible de ce prince en Auvergne pendant l'année 1516.

Son voyage dans cette province, en 1533, eut un certain caractère de pompe et de grandeur. Le roi se rendait à Marseille pour conclure avec Clément VII le mariage d'Henri, duc d'Orléans, son second fils, et de Catherine de Médicis, nièce du pape et fille d'une Latour d'Auvergne. A Lyon, il se détourna de la route directe et, après avoir passé à Thiers et à Riom, il fit une entrée des plus solennelles à Montferrand et à Clermont le 10 juillet. Il alla rendre visite, à Mirefleurs, au duc d'Albanie, oncle de sa future bru. Il accepta ensuite l'hospitalité de Maximilien d'Aurelle au château de Villeneuve-Lembron, traversa Brioude, où le vicomte de Polignac vint l'attendre ; fut reçu à l'abbaye de la Chaise-Dieu par le cardinal de Tournon, puis au château d'Allègre, qu'il quitta le 17 juillet pour aller coucher à celui de Polignac. Le lendemain 18, dans la soirée, il entra au Puy, accompagné de la reine et de ses fils. Les chroniqueurs locaux ont

---

(1) MÉDICIS, *De podio*, t. I, p. 260. — ODO DE GISSEY, *op. cit.*, pp. 480 et 481. — Vital BERNARD, *Le Chanoine*, p. 158.
(2) *Dictionnaire historique du Dép. du Puy-de-Dôme*, p. 281.
(3) ODO DE GISSEY, *op. cit.*, p. 481.

laissé le récit des fêtes merveilleuses qui eurent lieu en ces circonstances soit à Clermont, soit au Puy [1]. François Ier repartit le 20 pour passer la nuit au château de Cereys, près de Saint-Jean-de-Nay, chez le baron d'Apchier. Il est à remarquer que, durant ce voyage, le roi, qui menait avec lui ses faucons et ses chiens, a affectionné les haltes dans les châteaux, plutôt que dans les villes. C'est, sans doute, pour cela que son séjour n'est pas signalé à Langeac et à Saint-Flour, sur le chemin qu'il suivit pour arriver à Aubrac (22-25 juillet). Il ne fit que traverser Rodez, se rendit à Toulouse, puis à Marseille [2].

Soit pour instruire le jeune roi Charles IX, soit pour le distraire, Catherine de Médicis entreprit de lui faire voir toute la France. Abel Jouan, qui était officier de bouche de ce prince, a écrit une curieuse relation de ce long voyage [3]. Partie de Paris en janvier 1564, la cour se trouvait à la fin de décembre 1565 à Moulins en Bourbonnais, après avoir parcouru à peu près toutes les grandes provinces du royaume. La reine mère voulut, avant de rentrer dans la capitale, montrer à son fils les terres qu'elle possédait en Auvergne. On entra dans la Limagne par Vichy. Le 27 mars 1566, le roi dîna à Saint-Priest-Bramefant et coucha à Maringues. Le 28, il dîna à Pont-du-Château, passa l'Allier sur un pont de bois et alla coucher à Busséol. Le 29 il y dîna et vint coucher à Vic-le-Comte. Le 30, après dîner, il passa une seconde fois l'Allier sur un pont de bateaux pour aller à Saint-Saturnin. Le 31, il longea le lac de Sarliève et coucha à Clermont, où il séjourna le 1er avril. Le 2, il fit son entrée et dîna à Montferrand, qu'il quitta pour entrer officiellement, cette fois dans la soirée, à Clermont. Le 3 avril, il passa à Riom, alla dîner à Saint-Bonnet et coucha à Aigueperse. Le lendemain il partit par Ebreuil.

Ici se place non pas un voyage, mais la longue résidence en Auvergne, pour ne pas dire la captivité, de la sœur du monarque dont nous venons de parler, de la première femme d'Henri IV. Episode si soigneusement étudié par M. le comte de Saint-Poncy, dans l'*Histoire de Marguerite de Valois* (Tome II). Fuyant l'émeute, cette princesse

---

[1] *Tablettes historiques de l'Auvergne*, t. III, p. 48 — Mémoires *De Podio*, pp. 358, à 366.

[2] De GAUJAL, *Études historiques sur le Rouergue*, t. II, p. 358.

[3] *Le Recueil et discours du voyage du roy Charles IX*, édité en 1566, a été réimprimé par MÉNARD et D'AUBAIS, dans les *Pièces fugitives pour servir à l'Histoire de France*, t. I, première partie, pièce IIIe.

vint d'Agen à Carlat, où elle demeura du 20 octobre 1585 au 14 octobre 1586. Forcée, encore par la politique, elle quitta cette forteresse pour chercher un refuge dans ses possessions de la plaine. Elle passa à Murat-la-Viscomtat le 15 et coucha à Allanche. Le 16, elle dîna au village du Luguet et arriva, à nuit close, aux portes d'Issoire. Elle les trouva fermées, fut contrainte de traverser l'Allier au bac de Perthus et de chercher un gîte, non loin de là, au château d'Ybois. Elle y resta jusqu'au 21, se rendit à Saint-Amant-Tallende, puis à son château de Saint-Saturnin le 7 novembre. Le 13, elle fut conduite à Usson, qui était également de son apanage. Elle y vécut prisonnière jusqu'aux premiers jours de juin 1605; c'est-à-dire plus de dix-huit années.

Après le départ de cette reine, trois siècles s'écoulèrent sans que les éphémérides de notre province aient eu à enregistrer la visite d'aucun autre souverain.

Le 8 juillet 1862, Napoléon III et l'impératrice Eugénie vinrent à Riom et à Clermont. Ce fut l'occasion d'un immense concours de peuple et de grandes réjouissances.

En juin 1895, la présence dans le chef-lieu du département du Puy-de-Dôme, du président Félix Faure, mobilisa également une grande partie des populations de l'Auvergne.

Au terme de cette étude rapide, et, par cela même, sèche et trop hérissée de dates, je prie le lecteur attentif qui y relèverait quelques inexactitudes, quelques omissions, quelques erreurs de chiffres — j'espère qu'elles ne seront ni nombreuses, ni considérables -- de se rappeler les vers du vieil Horace[1] et de m'accorder une généreuse indulgence pour « des fautes échappées à l'inattention ou surprises à la faiblesse de la nature humaine. »

---

(1) Art poét. v. 352-358.

(Extrait du *Bulletin de la Société des Anciens Élèves du Pensionnat des Frères de Clermont-Ferrand*, n° 37).

IMPRIMÉ A CLERMONT
CHEZ MALLEVAL, PLACE DE LA TREILLE
EN M.D.CCC.IC.VIII

www.ingramcontent.com/pod-product-compliance
Lightning Source LLC
Chambersburg PA
CBHW060613050426
42451CB00012B/2225